아! 낙동강

이병철 제4시집

기획·발행처 도서출판 한국인

출판·인쇄처 도서출판 숲나文學

본 시집은 한국예술인복지재단의 2024년 일반 예술활동준비금(구, 창작준비금)으로 인쇄제작 되었습니다.

저자의 말

    시간이 흘러 세월이 되고, 세월은 과거를 망각忘却하게 한다.
    떠나간 아내에 대한 추억도 점차 잊혀져 가니 그 또한 서글프다.

    이미 오래전부터 진리의 말씀에 예언했듯이 점점 지구의 종말이 가까워짐을 예고하듯이 기상이변이나 여러 형태의 생태계 변화, 그리고 무엇보다도 인간 본성의 간악해짐과 동성애 등 비상식적인 행태로 말미암아 참으로 걱정스러운 일 투성이다.
    여余는 인류 종말로 치닫는 이러한 상황에 유념하여 앞으로 이에 대한 글을 쓸 생각이다.
    우선 이번 4번째 시집 상재上梓에는 특히 기상이변을 중심으로 향토성이 강한 내용에 필자의 내면內面세계의 접목을 시도하려 한다.

능력여하能力如何는 문제가 되지 않는다. 다만 있어서는 안 될 일에 대하여 모든 지구인에게 경종을 울리고 싶을 뿐이다.

4번째 시집을 상재하면서 세월의 무상無常함에 다시 한번 눈물겹다.

2024년 가을 문턱 앞에서

遠海 이 병 철

차 례

아! 낙동강 제1부

아! 낙동강	014
겨울 잡초	016
온난화	017
계절 잊은 탄생	018
원죄原罪에 자유로운 삶을	020
도시인	023
미세먼지의 습격	025
남도南道의 반란	026
호박꽃의 님은 사라져 가고	027
가뭄	029
가을장미	030

부산 지킴이 제2부

부산, 그 시절의 전설	034
죽도	036
홍연폭포의 헌신(獻身)	037
일광 해변 그리고 일광 신도시	038
장안사 겨울 계곡에 담긴 뜻은	039
금샘의 소망	040
부산 지킴이	041
대변항 축제	042
시랑대의 전설	043
고갯마루 이내터의 삶	044
달음산	046
소학대의 밤	048
오랑대의 꿈	049

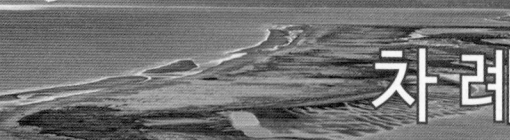

차 례

후회 없는 일생 제3부

깨달음	052
고려인高麗人의 아픔	053
뜻	055
우정	056
누구를 위한 반대	057
지혜로운 삶	058
시내버스 탔던 날	059
후회 없는 일생	061
키 컸다	062
삶의 향기 품은 고백	063

금낭화 미소 제4부

임경대 臨鏡臺　　　　　　　　　066
흑장미　　　　　　　　　　　067
거북바위　　　　　　　　　　068
초여름 코스모스　　　　　　　069
석연 石緣　　　　　　　　　　070
모란이 되어　　　　　　　　　071
영주 섶다리에서　　　　　　　072
금낭화 미소　　　　　　　　　073
우묵배미의 전설　　　　　　　074
봉선화　　　　　　　　　　　075

차례

새장 속의 자화상 제5부

2월의 계절	078
아내의 계절, 봄	079
봄 오는 소리	080
7월의 오후	081
아내의 계절, 가을	082
가을비	083
가을의 기도	084
만추晩秋에 이는 마음	086
겨울 언어言語	088
산기슭 겨울 우리 집	089

별빛 쫓는 아낙 제6부

석양夕陽	092
내 삶에 파고드는	093
새장 속의 자화상	094
명상	095
너	096
퇴근길	097
수평선	098
호반의 추억	099
삶의 끝자락에서	100
어느 여인에게	101
창가에 서서	102
이제 그대를 놓으렵니다	103
사死의 유혹	104
별빛 쫓는 아낙	105
기일忌日에	106
환상幻想을 위한 기도	107
별이 되다	108
소망	109
공허空虛	110
심애深愛	111
詩評 | 서정시와 자유시의 경지를 넘나드는 이병철 시인의 시 세계	113

제1부
아! 낙동강

아! 낙동강

밤이면
쏟아져 내리는 별빛 아래
연인들의 노랫소리 아름답던

낮이면
금정산 멧부리와 뭉게구름이
맑은 강물에서 높낮이를 희롱하던

그때 그 얘기들이
아쉬운 추억의 낙원으로만 남은 지금

홀로
괴로웠던 세월의 길이만큼
생소한 풍경의 시련에
삶과 죽음의 동행을 강요당한 체

강변에 노니든 백로의 꿈은 간 곳 없고
녹조 짙은 강변에
썩어가는 물고기의 휑한 눈언저리
애처롭게 구걸하는 생명의 몸부림을

애써 외면하는 인간들

육신을 쪼여오는 고독 속에
뽀샤시한 강물의 흐름을 기다리며
내 가슴에 맑은 물 똑똑 떨어지는
그날을 그리워하다

겨울 잡초

봄은 남녘으로 온다든가
마파람 넘어 오는 온난화도 남녘으로 오겠지

언제인가
한봄처럼 무성한 남도南道의 겨울 불청객

걷고 싶지 않은 길을
어쩔 수 없이 걸어야 하는 인생처럼
따뜻한 햇살의 등쌀에
축복 없는 삶을 살아야 하는 화상畵像들

도시인은 따스함이 마냥 즐겁겠지만
늙은 농부의 힘겨운 삶
그 생의 파열음이 가까이 옴을 재촉하는 듯하여

사랑 받을 수 없는 삶에
후손을 남기지 않으려는 다짐이
햇살의 등쌀에 두렵기만 한 불청객

생전生前의 신명나는 춤사위 한번 없이
아쉬움 속 소멸해야 하는 저 화상들의 숙명이여
즐겁지마는 아니한 농부의 주름진 얼굴이여

그네들도 하나의 생명으로 태어났건만

온난화

아직도
봄날은 멀기만 한데
기다림을 망각한 채 터진 장미

붉은 종기 솟은 육신처럼
분별없이 식은땀 흘리는 세상은

계절 잊은 계절이 되어
허공의 빈 거울처럼 흔적 없는 외침으로
혼돈의 넋이 되다

관심 없이 곪아 터진 계절
불길한 예감 속에
낙원의 무덤이 되려하는 세상

지울 수 없는 혼돈의 넋은
계절과 세상 사이의 마지막 외나무다리 되려 하는데

무덤덤한 인간의 관심
마지막 기회마저 외면하니

허공에 구르든 가랑잎 하나
홀로
외나무다리 건너려 애쓰다

계절 잊은 탄생

반복되는 계절 사이의 다툼
언젠가부터
계절을 뛰어 넘는 고난 끝의 희열

일상의 반복을 벗어난 희열은
다시 걸어야 할 이 계절에
환영 받지 못한 숙성 없는 농담처럼
놀란 비명으로 태어나다

오월의 여왕이어야 할 장미는 늦가을 쓸쓸한 나그네처럼 외로운 계절의 주인공이 되려하고, 가을빛 살가운 바람 속에 모인 소녀들처럼 키들거려야 할 코스모스는 계절을 넘나들며 초여름의 계절에 피어 애간장을 뒤집다.

오월의 정열에 불타야 할 여인은
놀란 가슴 두드리듯
봄날 선홍빛 유혹을 늦가을 햇살에 토해내고

긴 침묵 끝에 스산한 가을바람에
새실거려야할 청초한 소녀는
초여름 밤 별빛과 함께 오열하려 하니

힘든 삶
일상의 반복만 고집할 순 없지만
계절마저 잊어버린 탄생은
놀란 가슴 저미는 아픔이 되리라

원죄原罪에 자유로운 삶을

봄이 익어가는 소리, 높이 솟는 학의 날갯짓처럼 현란하다.
저마다 다른 느낌으로 봄을 맞이하겠으며, 이상기후異常氣
候를 느끼는 마음도 어찌 같겠는가

높이 솟은 학은
세상을 멀리 내다보며
잦은 봄비에 고고孤高의 일성이 우울하다

인간에 대한 원망처럼

도덕적으로 타락의 길로 내달리는 현 세태는 말세末世의 징
조가 나타나고 있음을 본다. 온갖 악행과 타락한 행동을 한
점의 죄의식도 없이 너무나 자연스레 행하고 있는 인간들

소돔과 고모라의 비극을 잊었느냐
유황불 속 절규했던
그네들 죽음의 순간, 언뜻 스치는 고독을 아는가
오늘 또다시 유황불의 강을 건너려 하느냐

소돔이여 세상을 떠나라
고모라의 아픔이여

우리에게 죽음의 강을 건너게 하지 마라

짐승의 주검처럼 뒹굴던
그네들 아우성을 잊지 마라

도덕적 타락은 황금제일주의와 물질만능주의를 부추겨, 이 아름다운 지구를 황폐화 시킴으로서 기후이변의 원초적 원인이 되었고, 환경파괴에 대한 관심은 아예 안중眼中에도 없는 오늘 날에 이르렀다 물질문명은 편리한 만큼 세상을 오염시키는 원인을 제공한다

갈매기의 꿈은
황금만능의 혼탁함에 분노하고
백로의 꿈이 그리운 강변은
물질문명의 부유물浮游物로 희뿌옇게 썩어간다

결국 황금과 물질만능주의는 도덕적 타락을 심화시킴으로 환경파괴의 원인을 제공하여 기후이변의 원죄가 된다고 함은 과언일까?

보아라, 인간들이여

황금을 탐내지 마라
물질문명에 의한 편의주의에 빠지지 마라
황금과 물질편의에 빠져
진정
인류의 종말을 앞당기려하느냐

자연의 청초한 숨결 위해
작은 일에도, 아주 미미한 일일지라도
스스로 행동 하나 하나의 올바름으로

타오르는 장작불의 열기로
그 때
그 열정의 떳떳한 행동으로
후손에게 아름다운 세상을 물려주어야 하지 않겠는가

도시인

푸른 초목 어우러지던 들녘
인간의 끊임없는 욕망은
거대한 빌딩숲 만들어

한줌 눈물도 없는 비정의 빌딩숲
차라리 사막인가 황무지인가

잠시 머무를 그늘도
급한 목마름 적실 물 한 방울 없는 사막에
무쇠낙타 타고 굉음을 내는
성난 인간들의 혼돈의 질주

이 비정의 강렬한 투쟁 속에서
깊은 상처를 입은 인간

한줌 눈물도 없는 콘크리트 사막을
방황하는 방랑자인가
시대의 낙오자인가

회색빛 빌딩 숲을 헤매는 도시인
오늘도

우울한 어깨를 짓누르는 빌딩숲
편리함만 추구하는 인간의 오욕汚辱이 되리라

그렇게 아름다운 고향하늘의 저녁놀을
소담하게 그리는 도시인의 눈언저리가 물기에 젖다

미세먼지의 습격

움츠렸던 만큼 긴 밤 지나
희뿌연 삶의 넋두리
모진 하늘 깊숙이 폐부의 허공을 내뱉다

무덤가를 배회하는
비린내 나는 폐부의 썩은 공허空虛
마지막 숨통마저 헐떡이는 삶의 고뇌

자동차의 위장을 거친 생명 없는 검은 생명들, 맑은 하늘 시샘하듯 떼거리로 분화하여 이 땅의 하늘을 희롱한다. 여물지 못한 무덤가에서 폐부의 고름을 쏟아내더라도, 문명의 이기에 이골난 삶들은 아랑곳없이 자동차로 세상을 휘젓고 다닌다.

미소에 인색했던
도저到底하게 삶의 찌꺼기를 먹고 사는
반성 없이 문명의 이기에 취한 인간들

한 점 티끌 없이 맑았던 이 땅의 하늘
맑은 하늘 다시 찾아
깊은 상처 없는 삶의 환희 그리운 오늘

문명의 이기에 빠져
편리함만 추구하는 삶은
병든 육신의 공동묘지 되고야 말리라

남도南道의 반란

아직도 싸늘한 남도의 이른 봄
목련의 아릿한 향내 아래
겨우내 한가했던 농부의 심장이
기지개를 켜며 바삐 뛰기 시작하다

목련 향기에 설레는 소녀 가슴처럼
풍요의 설렘으로 농부의 가쁜 숨소리

묵은 잡초더미, 삭정이를 걷어내던
그의 이마에 난데없는 기습공격
선전포고도 없이 공격하는 폭격기 편대
덩달아
혹부리가 된 늙은 농부의 폭발하는 분노

도시 아파트도 아닌 농촌 들녘
점차 따뜻해지는 겨울 날씨에
여물어진 육체로 반란을 일으킨 모기의 습격
성내어 휘젓는 그의 손놀림이 무색하다

설레던 마음 숨죽여 두근두근
풍요의 소망이
벗겨진 알몸처럼 부끄러운 하루가 저물다

호박꽃의 님은 사라져 가고

먼동이 튼다
늦잠 잔 기상나팔소리에
화들짝 분단장으로 깔롱지겨 보지만
촌 빨 날리는 기분이긴 매한가지인데
향기마저 대수롭지 않으니

제기랄!
스스로 탓할 수밖에
님 유혹하기엔 깜냥도 안 됨을

붕붕 거리는 황소의 콧김 같이 뜨거운 사랑 애태우며
언제나 아쉬운 기다림의 시간에
고요한 침묵의 기도를 깨뜨리는 바람소리

점점 사라져 가는 님의 모습에
뜨거운 사랑 소망하든 순정
도화수처럼 싸늘하게 식어가는 일상의 반복

새 봄에 잉태한 사랑의 알곡을
초여름 날
모시적삼 고운 새아씨 하얀 손으로

쓰다듬어 안는 이쁜 모습 보기 어려움은

세상의 종말을 기웃거리는 세상인심에
우수수 맴돌다 사라져 가는 님의 허망한 생애에

오늘도 외로운 나팔소리

가뭄

허공 저 높이 걸린 불타는 바다
그 바닷물에 일렁이는
참 뜨거운 햇살

메마른 입술에 단비 그리울 때면
그대 촉촉한 입맞춤 그리울 때면

설령
님 입맞춤에 빠져 죽을지라도
허공의 그대 향해 수없이 외치리라

단비 촉촉한 입술이 되도록
대지大地 같은 내 마음 두들겨 다오, 세차게

폭우가 휩쓸고 간 지구의 동공에
균열 일으키는 극심한 가뭄의 상처
반복하는 폭우와 가뭄의 이어 달리기
기상이변의 혼돈인가
지구재앙의 엘레지인가

가을장미

스치듯 지나간 시간은
손 쓸 수 없는 운명의 세월이 되어
햇가을 향연도 지난 지 오래인데
아직도
늦가을 위에 남아 있는 얼굴 없는 더위

볼웃음 간지럼 태우는 해름이 가까운
어느 가을 느지막한 햇살 사이로
흑장미의 놀라운 자태

순간의 시간이
이렇게 삶에 놀라움을 줄 수 있단 말인가
털썩 주저앉아
하늘을 가늠해 본다

힘없는 늦가을 햇살에 피어난 오월의 여왕
그녀의 순정 안타까우나 허물어지지 않아야 할 자연의 순리
온갖 문명의 이기 앞에 무너지는 지구 환경이 아쉽다

제2부
부산 지킴이

부산, 그 시절의 전설

허덕이는 숨소리 요란하게
한 걸음 두 걸음 내딛던 뒷골목 계단은
옛 얘기 진하게 어린 사랑의 온기 가득하다

골목골목 누비던 재첩국 장수 아낙의
"재칫국 사이소, 재칫국" 외치던 소리는
아들 딸들의 아름다운 미래소망을 꿈꾸며
세상을 향해 내지르는 아우성이었다

미래의 소망을 안고
뒷골목 계단을 오르내리며
"구두 딱! 구두 딱"을 외치던 청소년

세상을 향한 그들의 외침은
차라리 미래의 소망을 위한 몸부림이었다

아마, 그때 그 청소년은 지금쯤 멋진 신사가 되어
미래의 부산을 닦고 있을 터

이렇게 힘겨운 삶으로 인식되던 뒷골목 계단과
그때

그네들의 고독했던 외침은
 몹시도 그리운 전설적 추억의 상징으로

그때 그 시절
그네들의 고독했던 삶은
부산의 훌륭한 일꾼으로 성장하는 밑거름이 되었다

죽도

삼천 척 깊은 동해의 너울을
온 몸으로 버티어 영겁을 견디어 온 너

뙤약볕 구슬땀 어부들이 안쓰러워
새벽 그믐달 아래
마중물처럼 그네들의 위안이 되어온 너

신神의 엄숙한 신비함이 머무는 곳
황금만능의 비정한 세월 벗으나

고고한 너의 영혼
강한 눈빛으로 비정한 세상을 흘겨 온 너

때로는
가까운 듯 먼 육지의 그리움에 눈시울 적시며

가끔
먼 바다에 일어나는
까치놀의 아름다움에 놀란 가슴 숨죽여
고향 하늘 저녁놀을 그리워하다

홍연폭포의 헌신獻身

깊은 계곡 높은 울림 헤치고
장엄한 함성이 되어 떨어지는 물보라

옥구슬의 군무가
천 길 낭떠러지에 걸린 초승달처럼
아슬한 아름다움으로 현란하다

발아래 호수의 잔잔함에
님 잃은 여인의 자태처럼 고요히 스며들어
높은 울림의 함성은 사라지는데

견우직녀의 오작교는
여름 하룻밤 꿈이었지만

거문산과 옥녀봉의 이루어질 수 없는 사랑은
오히려
건널 수 없는 무지갯빛 물보라로
천년 이별의 한恨이 되었구나

잡힐 듯 먼 듯 아쉬움에 잠 못 이룬 밤
인내 없는 사랑이 어디 있더냐

무지갯빛 물보라의 몸 바친 헌신
돌다리로 환생하여 너희 사랑 이어준다면
어느 한 밤의 꿈 이룰 수 있으리라

일광 해변 그리고 일광 신도시

산산이 부서진 태고의 혈흔
수평선 넘어 쏟아지는 일출의 함성
항아리 깊숙한 밑바닥에서 고즈넉했던 해변

기나 긴 세월의 여정에
때로는
한가로이 졸고 있었던 태고의 고요

언제인가
미워할 수 없는 젊음의 모닥불이
해변을 달굴 때도 있었다

그러다
달구어진 모닥불의 불꽃이 침묵으로 스러질 즈음
사랑하지 않을 수 없는 새로운 역동의 탄생

발산하는 열기 짙은 시간만큼 허물어지는
고즈넉했던 태고의 공간에
역동적으로 불어오는 세찬 바람

마침내 승화된 기다림의 염원
긴 너울처럼 한가했던 흔적은
그 낡은 옷자락 벗어버리고
새로운 억겁의 열기를 발산하고 있다

장안사 겨울 계곡에 담긴 뜻은

산사의 풍경소리
고요히 바람을 타고 계곡에 머물다

산자락 휘감아 굽이굽이 흐르는 계곡수溪谷水
올 곧지 못한 세상을 탓함인가

스님의 불경소리
세상의 옳고 그름을 탓하지 않으니
해탈로 흐르는 계곡수인가

세상은 웅덩이에 고인 물처럼 혼탁한데
고승高僧은 삶을 가늠하지 말라하니
나목裸木 사이로 흐르는 계곡수의 뜻인가

찾는 이 없어 외로운 계곡이여
지하에 계절의 윤회 소리 들리니
겨울의 그늘 탓하지 마라

나목에 물오르면
고독의 껍질 벗고
벗들 찾아오리니 외롭지 않으리라

금샘의 소망

창공을 우러러
세계를 이기려 외치노라

간혹
녹조 짙은 낙동강을 내려다보며

홀로
저 멀리 서산에 떨어지는 낙조를 바라보며

가끔
눈시울 붉힐 때도 있었지만

등 뒤로 굽이치는 장엄한 신작로新作路를 달리는
무쇠 황소의 굉음은
기어이 이 세상을 이기려는 금정金井의 열정

빌딩 숲을 벗으나
드넓은 광야로 나가는 무쇠 황소는
두려움 없는 부산 사람의 용솟음
마침내 금정의 이름 떨치려하노라

금샘의 뒷동산에 깃발을 세워
나, 금정이 세계를 이기는 시발점이 되려함이노라
아! 휘날리는 금정의 깃발이여

부산 지킴이

맞서지 않고 비껴선 체
이 마을을 지켜온 두 거인

멀리서 곁눈질로 서로를 가늠하며
천년을 침묵으로 지켜보아 온 그 둘

그들 사이에 작은 마을이 들어서
굴곡진 역사를 새기며
하나 둘 모여든 사람들로 점점 소란해져 갈 때

두 거인의 마음은 하나가 되었으리라
"우리 사랑과 화합으로 이 고을을 지켜나가자"

간혹
아픈 상처를 끌어안고
때로는
영광의 환희를 드높이며
함께 울고 웃으며 이곳을 지켜왔던 세월

그 둘의 정신은
이 고을의 진리가 되었으니 곧 발전의 원동력

아! 이 진리에 자유로운 부산 시민이여
북항의 해오름은
찬란한 꽃으로 피어나리라

대변항 축제

어부의 흐드러진 후렴 소리
오히려 정겨운 해물 장수 아낙의 호객 소리
춤사위 요란한 각설이 타령으로
한 상 잘 차려진 밥상처럼 꽉 찬 멍석이 흥겹다

바쁜 일상 벗어난 틈새
한바탕 펼쳐진 참 다채로운 갯마을 마당

낯선 갯마을 풍경이 흥겨워
삶의 진한 향기에 흠뻑 젖는 눈요깃꾼

무척 뜨거웠던 어항의 무거운 일상
날이면 날마다 낑낑대던 갯마을

비린내에 젖은 일상 벗어버리고
오늘 하루 여기 참 가볍다

시랑대의 전설

천길 높은 벼랑
영겁의 혜안慧眼으로 세상을 보다

한 알의 진주를 만들기 위해
천년의 고독을 참아온 진주조개처럼
지고至高한 깨달음을 향한 고독의 경지에서

어쩌다
스님이 이루지 못할 연정戀情의 유혹에 빠졌느냐

 향내 붉게 서린 용녀와의 사랑
고행으로 다스리기 힘들어
동해안 물결 높은 용솟음으로 치솟아
천길 높은 암벽이 되어 붉은 속내 숨겼느냐

붐비는 오시리아의 인파 속에 묻혀
억겁을 이겨온 고행의 인내로
불타는 속내 지고의 경지에 들었음을 알고 있노라

고갯마루 이내터의 삶

아들아, 이 얘기 좀 들어라. 옛날 옛적에, 주린 배 채우려고 보채는 아이와 함께 들로 산으로 헤매던 한 부부가 있었단다. 산 중턱쯤에서 조그마한 평지를 발견하고 그 가장자리에 앉아, 저 멀리 아스라이 보이는 바다를 하염없이 바라보고 있었지. 정신이 들었을 때 그들은 손만 뻗으면 지천地天인 찔레 순을 씹고 있었단다.

오월의 태양 아래
지천으로 핀 찔레꽃
시리도록 하얀 때깔에
보릿고개의 허기진 설움이 묻어나다

아스라한 동해바다에 뱉어내던
찔레 순 한입에 위안을 삼았던 그네들

그들은 여기에 정착하고, 이렇게 모여든 몇몇 가구는 저 멀리 아스라이 보일 듯 말 듯 한 이 곳을 "이내터"라고 이름 지었지.

저녁연기 오르지 않는 이내터 움막
이정표 사라진 삶은
가혹한 고난의 길 이런가

훗날, 이곳은 동쪽 고을과 서쪽 고을을 잇는 고갯마루가
되었단다 그네들의 삶은 허기진 배를 채우는 게 제일 우
선이었지

짚신 짝이 닳도록
굽이굽이 고갯길 오를 때
서럽게 토해내던 긴 한숨이
전설처럼 쌓인 고갯마루의 삶

아들아, 그곳이 어디인지 궁금하지 않니. 지금 너와 애비가
앉아있는 여기가 바로 애비의 할아버지의 할아버지 그 할
아버지의 할아버지가 살았던 그 바다가 아스라이 보일 듯
말 듯 한 곳을 이름하는 지명이다
주로 고갯마루에 위치하며 필자가 거주하는 마을 지명이다
곳이란다 저기 일광 신도시 넘어 아스라이 바다가 보이지
않느냐 애비는 이 아름다운 우리말 고유 지명地名이 사라지
는 게 몹시 안타깝단다

온 누리 처절했던 삶의 영혼은 간 곳 없지만
저 멀리 보일 듯 말 듯 한 바다에
힘겹게 포물선을 그렸던 찔레꽃은
해마다 오월이면 흐드러지게 피고 있다

달음산

높은 뫼 끝자락에 정기精氣서려
기슭에 깃든 민초들의 기장지기로

어디까지 너의 길이런가
달빛 찬란할 때까지인 것을

민심民心 한 가운데 우뚝 솟았으니
지역의 영산靈山이라 했노라

민초들의 꿈은 하늘 높이 머물렀지만
그네들의 숨 가쁜 삶은
둠벙에 빠져 처절했던 것을

하늘과 땅 사이에 정지된 곡선으로 솟아
넓은 품안에 처절했던 삶을 품어 안았노라

오늘
그네들 영혼의 고임은
저녁연기 오르지 않던 삶 벗으나

도시의 빌딩에 찬란한 분위기 드리운다

아! 너의 품에 자리 잡은
사랑하지 않을 수 없는 기장이여
영산의 정기 아래 영원히 빛나리라

소학대의 밤

밤 깊은 망월산 자락

고고한 한 마리 학의 날갯짓
달빛 고즈넉한 소학대의 적막을
이유 없이 깨뜨리다

높이 나는 학처럼 높이 솟아
외로울 수밖에 없는 소학대의 고독이여

깊은 밤 적막을 깨우려
학의 둥지 품었느냐

둥지 찾는 학의 힘겨운 비명
도시 새벽 가로등의 희미한 불빛 속으로
사라지려 하는데

높이 나는 학처럼 높이 솟아
허공의 외로움을 채우지 못해
몸부림치든 너의 흔적
영원한 전설로 남으리라

오랑대1)의 꿈

삼천 척 깊은 동해바다에
시선 심고
일천 척 높이 솟아
하염없는 너

바다와 하늘 맞닿은 드넓은 세상에 그린
소망이 무엇이드냐

홀로 하염없는 묵상으로
영혼의 외침
대양의 심장에 혼을 담아
세상의 그늘을 향했더냐

그늘진 세상에 항거하여
나!
여기 묵상으로 섰노라고

1) 부산 기장 때변항 서쪽 약 5km 지점에 있는 기장 팔경의 한 곳 동해바다 해변에 솟아오른 기암괴석으로 바다 기암 그리고 수평선의 뭉게구름이 어우러지면 과연 신선이 노닐만한 명소이다.

제3부

후회 없는 일생

깨달음

하늘은 언제나 거기 있어 푸르고
산은 언제나 거기 있어 그림자 드리우네

의미 없는 구름 한 조각
애써 의미 부여하려 함은
스스로 무의미한 거라오

여보게들
삶에 애써 의미 부여하려 하지 말게나

산다는 건 살아 있으니
그냥 사는 거라네

그게 전부라오

고려인高麗人의 아픔

바람에 실려 가는 설움
숲속 바람 지나듯
울림 짙은 심장의 고동 소리

어메 어메 우리 어메
산으로 가자구요
 우리 어메 산이 되어 산처럼 살자구요
세월 가면
내 아이 날더러 산으로 가자 하겠지요

사막처럼 뜨겁게 살아온 우리 어메
아무것도 남지 않은 삶
체념 섞인 사랑이
땀내 진한 아들 등에 내려
한 줌 움켜쥔 나침반이 길 위에 서럽다

오랜 옛적에 그랬다고?
늙고 병들면 산 속 깊이 버렸다고?
어찌 있을 법한 일이던가

옛날 옛적 유학儒學과 불법佛法이 들어와 효孝, 윤리 도덕
을 숭상崇尙하던 우리 민족이 아니었던가 가난 속에서도 제
사祭祀 풍습이 있었고 자애심慈愛心 많았던 우리 민족에 대
한 모욕이니라

패배자의 마지막 숨통마저 죄려 했던
승리자의 축배 속에나 있을 만한 이야기
돌고 도는 역사의 잔인함이 만들어낸 유언비어
흔들리는 민심 잠재우려는 승리자의 위선

고려장高麗葬이라니
고려인이 불효자의 대명사가 되었다니
길 위에
던져진 솔잎이 웃을 일 아니던가

어리석은 민중이여
거짓 선동에 약한 민초들이여
어찌 그리도 쉬이 속는단 말인가
진실 찾으려는 정성이 필요하지 않느냐
민중이여, 진실에 자유로워야 하지 않느냐

뜻

배우려는 자 있으니
가르치는 이 있음이라

모름지기 가르침이란
숭고함을 내세워야 하느니

배우는 자의 꿈을
드높이려 함이니라

숭고한 가르침에서
고결한 배움이 이루어지니

무릇
하늘과 땅의 이치가 이러할 진데
이름하여 스승과 제자라 하느니 라

혹여, 황금의 논리 앞세운다면
어찌 숭고와 고결이라 할 거며
스승과 제자라 이름할 건가

제자는 스승의 숭고한 가르침을 따라야 하느니
스승은 제자의 고결한 배움 위해
노력해야 할 것임이니라

우정

굴곡 없이 다져진 길이 어디 있었던가
돌밭 아니었던 길이 어디 있었던가

석양에 젖은 종점 가까운데
곱게 다져진 이 길
신이 주신 은혜일 지라

장애물 없는 평탄한 이 길에
이쁜 꽃 다시 핀다면……

누구를 위한 반대
－ 젊은 사랑 막지 마라

이른 봄 안개비처럼
뿌옇게 앞이 보이기 아니하는 슬픈 연가

너그러움이 인색한 영혼 앞에
조각조각 흩어지는 언어들의 폭력 앞에
헤어짐을 강요당하는 연인의 고뇌는 깊어 가고

빈곤貧困 앞에 옥죄는 이유 없는 아우성
수천 년 반복되어 온
그네들 부모라는 이름의 사라지지 않는 원초적 탐욕

버릴레야
버려지지 않는 원초적 오염 앞에
텅 빈 가슴
메우지 못하는 젊은 연인들

방향 잃은 젊은 사랑
떨어지는 가랑잎처럼……

지혜로운 삶

지식은 겸손하지 않게 하고
재물財物은 교만을 받아들입니다

지혜의 왕 솔로몬은
"헛되고 헛되며, 헛되고 헛되니
모든 것이 헛되도다" 라는 일깨움을 주었지요

떠오르는 태양이 아름답지만
지는 해는 더욱 아름답습니다
뜨는 태양은 찬란한 아름다움이지만
지는 해는 성숙한 아름다움 이지요

농익은 과일 향처럼 성숙한 향기는
겸손함과 교만하지 않음에서 나온답니다

순서 없이 떠나야 하는 우리네 인생

주님의 진리 안에서
목에 힘주지 않고 부드러운 시선으로 껴안으며
겸손함과 교만하지 않는 성숙함으로
온 누리에 사랑을 나누면
주님도 거룩한 미소 지으시겠지요

시내버스 탔던 날

삐거덕 멈추어 서는 무쇠낙타
우르르 몰려드는 군상

찰나도 지체 없이
굵은 테 안경을 앞서 오르는 젊은 동작

더딘 시간만큼 심상찮게 구겨진 얼굴의 나팔수
아스팔트 사막을 덜컹 요란하게 내달리는 무쇠낙타

돌아보는 볼우물 이쁜 미소에
젊은 등에 꽂히려던 안경테 속 눈초리가
덩달아 따스한 미소를 보내지만

몹시 흔들리는 육신을 겨우 지탱하는 순간
서둘러
소맷자락 당기는 볼우물 이쁜 소녀

"그러려면
왜 앞서 재빠르게 올랐지?"

하오 내내

안개 속을 헤매는 굵은 안경테의 가슴앓이

어느 순간
"하! 그랬구나
역시 우리 젊은이가 최고지"

안개 걷히며 행복해졌던 날이었다

후회 없는 일생

그렇게 시간이 흐르고
시간이 흘러 세월이 되고

세월 흐르면
그렇게 하나 둘 떠나가고
하나 둘 잊혀져 가고

언젠가 나도 떠나고
너도 떠나고

이렇게 잠시 만났다 헤어지는 인생

너무 슬퍼하거나
행복해하지 마라
후회하지도 마라

우린 그냥 왔다가 떠날 뿐이라네

키 컸다

그 해 여름
한 치 앞도 보이지 않는
안개 속 소망

세상을 뛰어넘어
높이 날고 싶은 영겁永劫의 꿈
마침내 희열과 질시의 교차 순간 지나고

세상 헤엄치는
사유思惟의 가슴엔
다 헤진 국어사전 한 권의 덩치가 부풀었다

삶의 향기 품은 고백

문득, 삶이 부끄러워질 때
들길 걸어 보라

긴 세월 수없이 짓밟혀도
향기 고이 간직한
들꽃의 끈질긴 생명을 보라

격앙된 지난 세월
애써 흘린 피땀의 생애
어찌 의미 없는 삶이라 하리

어느 해 질 녘
신음소리 짙은 황혼을 보며
뒤돌아 본 부끄러운 삶

살아온 날의 고백이
그대 곁에 들풀향처럼 함께 있으리라

제4부
금낭화 미소

임경대 臨鏡臺*

임경대 누각에 올라
발아래 물결을 내려다보니

강 건너 이름 모를 멧부리들
물속에서 뭉게구름과 높낮이를 희롱한다

삼천리 곳곳마다 인생애환人生哀歡 쓸어안고
굽이굽이 흘러온 억겁의 여정旅程이여

인적 사라진 강변에
백로 한 쌍 부리질로 사랑을 나누는데

봄바람 이는 건너편 산 능선에
뭉게구름 한가롭다

＊임경대 : 양산시 물금읍과 원동면 사이에 있는 통일신라시대의 정자로 오봉산 기슭에 위치하고 있으며 고운 최치원선생의 발자취가 서린 곳이다 낙동강 바라 보고 있어 경치가 뛰어나다.

흑장미

무슨 사연 그리 깊어
선혈 낭자하드냐

맺힌 한 그리 사무쳐
향내 어찌하고 가시만 품었느냐

내뿜는 입김마다 가시 날카로우니
아름다운 얼굴 안타까워라
가시밭길 헤치며 님 어찌 찾아오리

가시 날 선 입김 아니 내뿜고
향내 진한 입술로 목청 높여 부르면
님 다시 찾아오리라

거북바위

벌거벗은 몸으로 천년을 누비다가
한 찰나
바위옷으로 너의 속내 숨겼느냐

섬인 듯 갯바위인 듯 치달리는 풍랑에 묻혀
억겁을 이겨낸 인내의 화신化身

변하는 세상인심에
시간 너머로 사라지는 허무에
가끔 눈시울 붉혔던 고독의 시간도

홀로
인내라는 영혼의 이름으로 남고 싶어
바위옷으로 세상을 참으려 했느냐

절실한 목마름에 가슴 적셨던 순간에도
홀로 서고 싶어
인간애人間愛의 무덤을 이기려 했느냐

하늘 우러러 절규했던 너의 외로웠던 외침
세상 마지막 순간에
고독하지 않았다고 크게 다툴 수 있으리라

초여름 코스모스

한적한 들길
무리 지어 웃고 있는 너

그리도 벗이 보고팠느냐
파란 가을 창공이 그리도 그리웠느냐

바삐 무더위에 내민 얼굴
어쩌면 무더위에
우정의 불시착이 될 수도 있으련만

 달구어진 햇살 속에서
무리 지어 키들대는 너희 모습
한 점 티끌 없는 소녀 순정 그대로
분홍빛 얼굴 참 이쁘기도 하다 마는

드문드문 후끈한 열기 속에서
어깨 맞대어 소곤거리는 너희 모습
새실 많은 소녀 모습 그대로
참, 청순하기도 하다 마는

너의 진정 어린 영혼 어디에 두고
새실에 빠져 계절을 잊었느냐
가을바람의 영혼이어야
더 우정 깊은 사랑일 것을

석연石緣
－ 하동 화개에서

화개천에서 꽃단장한 돌
저마다 멋을 뽐내니
묵상에 잠긴 돌중
빙긋이 미소로 가늠한다

석심石心에 새긴 인연
따스한 찻잔에 녹아드니
떠나려든 길손
못내 아쉬워 발걸음 더디다

모란이 되어

그대 늦가을 국화처럼
찬 서리에 젖어 있었다면

아침 햇살 되어 그대 가슴 어루만지리라

한겨울 지나
함박꽃처럼 수줍게 다가 가

붉은 사랑 핏빛으로 피어날 때

내 온몸의 피 흘려
님의 심장에 흐르리라

함박꽃보다 더 진한 오뉴월의 꽃 되어
님 가슴에 사랑 진한 행복으로 피어나리라

영주 섶다리에서

여울의 노래처럼 흐르는 냇물
세월의 넋두리와 함께 세월이 되어 천년을 흐르네

스산한 가을밤 길손마저 끊어져
어둠 속 침묵에 빠진 외나무다리 섶나무
움직여 함께 흐를 수 없는 이 외로움이여

냇물은 다시 돌아오지만
한번 간 세월은
다시 돌아오지 아니하니 허무함이어라

냇물에 비친
저 멀리 무섬마을 솟을대문이여

그대
부귀의 상징이라 하지만
한번 간 인생 다시 돌아오지 아니하니
세월처럼 덧없다 하드라

금낭화 미소

고요한 산사의 풍경소리에
보란 듯 잔잔하게 웃음 짓는 샛분홍 미소
하! 그리도 진한 스님의 향기인가

가지 따라 매달린 분홍빛 등불
부처님 자비 구하는 연등의 뜻 품었음인가

세상의 옳고 그름을 탓하지 않는
고승의 향기 품은 화두 하나
부처님 자애로운 미소 닮은 꽃망울 미소인가

산사의 봄은 깊어만 가는데
부질없는 계절의 윤회는
그 잔잔한 미소마저 내려놓지 않을 수 없게 하다

우묵배미의 전설

삶의 거친 풍랑에서
한 걸음 물러앉은 들녘 마을

깊이 잠들어
꿈같든 마을의 기지개는
닿을 수 없는 삶의 시작이었다

천년의 잠 깨어
두꺼운 벽 뚫고 비상飛翔하려는 솔개처럼
진하게 요동치는 가슴앓이의 열기는
미지의 세상을 향한 날갯짓

어설픈 비상은
가늠할 수 없는 추락의 환담에 진저리

진창에 빠져
이미 어긋난 현실 앞에 숙명처럼 지친 날개는
머리를 숙이고 말았다

봉선화

가지 끝에 매달린
아릿한 선홍빛 기다림
긴 애달픔에 겨운 사금파리 잎새처럼
여름여인의 아픔에 여물어

차라리 모시적삼 입은 청순한 여인 닮은
울밑에 숨어
저물도록 님 기다리는 꽃

제5부
새장 속의 자화상

2월의 계절

기다리는 마음은 바쁘기만 한데
봄의 심장은 뒤안길에
또 하나의 계절로 멈추어 있다

아직도 차가운 바람은
가벼운 실망을 던지지만

대지의 맥박은 서서히
겨우내 고독했던 나뭇가지에
마파람을 불러오려 한다

햇쑥처럼 진한
싱그러운 봄 향기 찾아

인내의 끝에 서서
여인의 향기처럼 화사한 봄 내를
몹시도 기다리는 계절, 설익은 계절

아내의 계절, 봄

앞뜰 샛분홍 자산홍이
보란 듯
꽃망울 터뜨림에
하, 그리도 좋아하든 아내
분홍 고운 얼굴 상기되어
이쁜 미소 짓고 있었지
아마도
봄이 무르익어가노라고
맑은 소녀처럼 좋아했었지

봄 오는 소리

지하의 봄 심장 기지개 켜는 날
계절의 윤회소리 미소 짓는 날

이슬의 영롱함이 그리워 설레는
옅은 새벽구름 사이 그믐달의 볼우물 미소에

계절의 윤회에 따라
겨우내 고독했던 나목裸木을 어루만져
촉촉한 물오름 재촉하는 햇살

이미
낯설어진 겨울고독이란 언어
봄의 소리에 힘겨워하다

7월의 오후

흐르는 땀만큼 뜨거운 태양
짓누르는 더위로 축 늘어진 나뭇잎 위에
꿈꾸듯 졸고 있는 기상도의 등압선

잃어버린 둥지를 찾아
부산스레 뻐꾹 뻐꾹 뻑뻐꾹
후줄근한 더위를 가르는 철새의 외마디 비명에
이유 없이 고단한 하오의 시간
등압선 그늘 아래 조심스런 낮잠

억지로 떠밀어 올린 눈꺼풀 사이로
몽롱한 기억을 흔들며
문득, 앞마당 풀꽃들이 자유처럼 신선하게
더위를 밀어내고 있음을 본다

아내의 계절, 가을

앞뜰 노오란 국화꽃에
때 이른
찬 서리 내렸을 때
하, 그리도 진한 아쉬움에
곱던 얼굴에 세월이 내려
수심 깊은 얼굴 이었지
그렇게
또 한 해가 저무노라고
눈시울 뜨겁게 붉혔었지

가을비

추적추적
처량하다 마오

그냥 떨어져
흘러가는 게 아니라오

동토의 지하로 숨어들어
그예, 움트는 봄의 꿈 위하여
이 한 몸 헌신하려 하오

그대, 그래도
처량하다 하려오

가을의 기도

이 가을에
사랑과 감사를 깨닫게 하여 주소서

봄엔 자만自慢의 둠벙에 빠져
받는 사랑만 알았지 감사할 줄 몰랐습니다

여름이 되니
지친 삶에 육신은 힘들고 영혼마저 황폐해
사랑과 감사는 생각지도 못했습니다

해는 저물어 단풍잎처럼 물든 저 노을
참, 아름답다고 느껴질 즈음
반백의 머리는 비로소 깊은 사색으로
마침내 사랑과 감사라는 두 언어를 떠올립니다

이 가을에
이 인생의 가을에

우리는 가슴을 열고 사색의 여행을 떠나
지나 온 계절의 의미를
삶의 아픔을

사랑과 감사의 의미를
깨닫는 시간을 가져야 합니다

살아 온 삶의
사랑과 감사의
의미를 깨닫게 하여 주소서

사랑과 감사로
이 낯설게 느껴지는 세상
정겨운 세상으로 변화시킬 수 있게 하여 주소서

만추晩秋에 이는 마음

늦가을의 늪에 빠져
스스로 가을이 되고 싶다

참 아름답고도 슬픈 계절, 늦가을

사랑하는 이에게 안겨
겨운 사랑에 취해
마지막 낙엽처럼 사랑의 멍울이 되어
홀로
슬픈 계절인 체
연인 잃은 여인의 가슴 속 여울이고 싶다

지나온 삶의 고뇌 속에서
나그네 없는 뒤안길의 가랑잎처럼 뒹굴다가

어쩌다
겨울나그네와 동행할 수 있다면
그의 깊은 속내를 들여다보고 싶다

아…… 그러나
아름답고도 슬픈 계절, 늦가을
무엇보다
첫사랑 그 여인이 무척 그리운 계절

겨울 언어言語

추억이란 낱말
가을바람 타는 낙엽에 주섬주섬 새겨놓고
설레며 기다리던 그 날의 기억
못내 아쉬웠던 가을 깊어 가는 소리

소망이란 낱말 새록새록 올려놓고
움트는 봄을 애태우는 기도소리
소녀의 기도처럼
봉긋 솟는 봄 숨소리

산기슭 겨울 우리 집

창문 밖, 코끝 시리도록
아침 찬 공기 무척 상큼하게 느껴집니다

외벽에 걸린 굴뚝 하얀 연기 폴폴 솟으면
마당 가 벌거벗은 팽나무 고목 한 폭 그림 이지요

조금은 황량한 서리 내린 앞들
깊은 묵상으로 주님께 감사드리게 합니다

먼 동해바다에 일출의 함성이 일면
숨 멎을 지경으로 환상적 이지요

지천이던 꽃들 시든 후
동백 꽃망울
내민 혀끝처럼 붉어 이 또한 장관입니다

하루 해 기울면 긴긴밤 아리도록 고요해
지극한 명상으로 펜을 들 수밖에 없지요

육신의 편안함은 없지만
이런 겨울 우리 집을 난 참 사랑합니다

제6부
별빛 쫓는 아낙

석양夕陽

동그마니 곱기도 한 석양이지만
참 아프기도 했던 세월이여
참 슬프기도 했던 사랑이여

세상 온갖 회한이 녹아들어
고운 유리구슬 닮았으나
아픈 추억 안고 저무는 석양이라

구슬 알알이
오묘한 세상 삶이 스며들어 있고
숨소리 진한 고뇌의 한이 스며들어있니라

마침내 피안의 열반을 앞에 두고
마지막 불타는 정열의 빛을 토해내지만
어찌 지나온 삶의 회한 앞에 무릎 꿇지 않으리라

내 삶에 파고드는

아름답게만 설 수 없는 삶
진실 아래 굴곡졌던 지난 세월

처절한 삶의 언저리에서
의미를 벗어 던진 인생 여정을 감싸 준
너의 따뜻한 손
내 심장의 흔들림을 녹였다

가슴에 구멍을 뚫고 흔적 없이 사라진 세월
그 쓰디 썬 동작 하나의 고독 마저
숨죽여 포근했던 너의 따뜻했던 숨소리

스스로 포근해질 수 없는 이 무력함에
너의 그 따뜻한 심장의 고동을 오래오래 붙들 수 없어
사무치게 오열하는 폐부를 통과한 냉기

늦가을 샛바람 같은 내 삶이
목청 낮추어 차갑게 떠는 고독한 나그네처럼
외로움에 가슴 떨었다

새장 속의 자화상

창틀 밖으로 향하는 멍한 시선
일없이
시간 만 때우는 의미 없는 종일

까닭 없이
굳어진 근육은 자유를 상실한 채
강요당한 죄수의 의복처럼
색깔 없이
무덤덤한 일상

온 세상
초록의 거울 마당에
놀고 싶은 심정 없어

월말의 달빛처럼
세상의 짐을 벗지 못한 외로움
곰팡내 나는
내 삶의 길가에
고독의 분위기조차 사라진 표정이
자유를 상실한 그림으로 서럽게 묻어나다

명상

선 하나 긋고
또 선하나 그리다
춤추며 돌고 있는 직선과 곡선
이어지지 않는 상념들

뛰려하지 말자, 더디게 걷는 낙타처럼
숨소리 낮게 호흡 가다듬다

마침내 직선과 곡선이 이어져
상념의 형상화 이루어질 때쯤

낙타는 바늘구멍 통과하려 하고
춤추던 상념
드디어 미소 속에 백지 위를 달리다

너

지금 보고 싶은 사람 있다
너라면 좋겠다

우리 그 날의 너
아쉬움 두고 떠나던 그날의 너
언제였던지
기억조차 사라져 가는 그때 그 표정

오늘 문득 보고 싶다
너였음 좋겠다

퇴근길

검은 아스팔트의 강

하루의 고뇌가 흐르는
땅거미 짙은 삶의 후퇴현장
상념想念에 밀려 느릿하게 노 젓는 길목엔
붉은 빛 아쉬움이 줄 서 있다

메마른 입술로
하루를 곱씹어 쓴 침 삼키며
치열했던 전투 후後의 허탈감 속에

어색하게 목구멍 너머로 사라지는 하루

차창 넘어 피곤한 군상群像들이
고단했던 하루를 대변하고 있는데

홀연
달달한 얼굴이 미소로 다가오면
아! 언제나 따뜻하게 반겨주는 사랑의 씨앗이여

수평선

먼 듯, 가까운 듯
직선인 듯, 곡선인 듯
알 수 없는 외로운 갈등

 하늘 아래
하루를 백년 같이 기다렸건만
멈추어진 시간 속에

억겁의 진리는 변함없으니
바다제비처럼 날아오를 그날 위해
홀로
천년을 기다리리라

고목이 되기까지의 고독한 세월처럼
깊은 바다의 침묵으로 남으리라

호반의 추억

온 누리 생명의 꿈들이
고요히 잠드는 계절

너의 숨결 짙었던 호숫가에서
새실대든 너와 나의 다정했던 그 날이

호수에 스며드는 함박눈을
눈망울에 담으며 아름다웠던 너의 모습이

오늘
고요해 외로운 호수의 고독이

희미한 무지개처럼 눈시울에 내려앉아

그날
새실대든 호반의 꿈들이
허공을 돌아
꺼진 불길처럼 싸늘히 가슴 적시다

삶의 끝자락에서

부서질 듯 아닌 듯
먼바다 까치놀처럼
흩어질 듯 아닌 듯
봄날 들녘 아지랑이처럼

살포시 일어나는 새털구름처럼
흩어질세라 부서질세라
징검다리 건너듯 조심조심 살아온 세월

작은 벌레 날갯짓에도 흔들리는
마루 끝 햇살 바라기 겨울 소녀 마음처럼
생명의 끝자락에 선 황혼의 마음

어차피 떠나야 한다면
이왕이면 꿈처럼 꿈속에서
이왕이면 꿈꾸는 듯 아닌 듯 그렇게 떠나고 싶다

어느 여인에게

옮겨 온 사랑이라 욕하지 마오
이미 사라진 사랑의 파도는
슬픔과 함께 허물어진 전설이 되었으니

슬픈 고통의 한복판에서
온 세상이었던 그녀를 보내던 날
하얗게 허물어져 내리던 아내의 성城은
물안개처럼 흩어지는 허공일 뿐이었소

허공의 가슴엔
오랜 적막 후의 감격으로 채워지고
그대와의 오랜 침묵의 염원이었던
놀라운 사랑의 전설을 다시 한번 새겨
황혼의 사랑을 그려보지 않으려오

창가에 서서

이 밤
까맣게 탈색된 달빛
쏴……! 바람소리에
기울어진 탁자 위 빛없는 달빛이 외롭다

저기 저 어둠 속으로 숨고 싶은 허무
아슬한 달빛처럼 위태로운 마음
솔개에 쫓긴 산새의 진실 같기만 하다

의지할 곳 없어 외로운 마음으로
의미 없는 하루와 함께
벗어날 수 없는 갈등에 가슴만 후들거리다

힘 바랜 창가의 달빛이
씁쓰레한 미소를 머금고 있다

이제 그대를 놓으렵니다

비 내린 오후
질퍽한 세상을 헤맵니다

어느 초가을 바람 사이로
떨어져 버린 한 송이 봉선화
몇 해를 거슬러
지금 상념 속을 헤맵니다

이제 그만 그대 그늘 벗어나

뜨거운 태양 아래
새로운 밭 일구어
또 다른 향기에 빠지고 싶습니다

세상의 중심으로
마른 땅을 밟아 걷고 싶습니다

사死의 유혹

고뇌의 응어리
불덩어리에 지진 듯한
차라리 찬란한 정신

홀로
우울한 바람살 맞아
가슴 찢어놓는 아픔

이 삶의 고뇌 속에
함께 춤추고 싶은
어쩌다 따스한 유혹의 손길

어느 겨울나그네의 그 손 붙들고
한바탕 크게 웃으리라
고뇌의 우울 하늘에 날리며
그 유혹의 늪에 깊이 빠져 버리리라

별빛 쫓는 아낙

후이 후이
별빛 쫓아라
후이 후이
새벽 별빛 쏟아져라

참새 떼 어디 가고 별빛만 서성거려
낫살 먹은 아낙의 바짓가랑이 붙든다

후이 후이
별빛 멀어져도
후이 후이
쫓는 숨소리 다급하다

새벽 별빛 아낙의 넋두리
아! 새벽 별 아래
달콤한 사랑 놀음 그리움

오늘 별빛 멀어져도
짙은 꿈에서 깨고 싶지 않는 날

기일忌日에

수천 번 외침이
님 육신 다시 일깨우진 못할지라도
수 없이 흘린 눈물이
님 심장 다시 뛰게 하진 못할지라도

오늘 하루 그대 찾는 외침으로
그대 찾아 나서고 싶다
그대 불러 헤매고 싶다

환상幻想을 위한 기도

들풀 속 숨어 핀
새벽안개 머금은 너 백합화여
안개비에 씻은 그 맑음
스스로를 사랑하지 않더라도
어찌 그 청순함 모르리

겉모습 청순함이
네 영혼으로 이어진다면
영원한 너의 종 되어
새벽안개 속에
함께 잠 깰 수 있기를 기도하리라

마지막
피 한 방울 마를 때 까지
너 그 순결 위하여!

별이 되다

그 밤
까맣게 탈색 된 달빛처럼

반쯤 걸렸던 생명마저
마침내 떨어져

형체 잃은 모습으로
끝없는 여행 나서다

소망

해가 뜨고
해가 지고
또 해 뜨고 해 지고

그렇게
하루가 가고
한 달이 가고
또 한 해가 저물겠지

그러다 어느 날 우린
훌훌 벗어 던지고 빈손으로 떠나게 되겠지

어차피 그렇게 떠나야 한다면

이왕이면 꿈처럼
꿈속에서 꿈꾸듯이 떠나고 싶다
이왕이면 영원히 살 수 있는
주님 나라로 가고 싶다

이왕에 떠날 거라면
하나님 아버지 계시는 천국으로 가고 싶다

공허空虛

빛바랜 어둠 속
빈 찻잔의 침묵

아무도 없다
아무 일도 없다

찢어질 듯 팽팽한 고요 속

텅 빈 찻잔에
허무를 껴안은 허공만 먼지처럼 내려앉다

심애 深愛

하늘 넓고 바다 깊다지만

숨소리 포근한
그대 품보다 넓고 깊으리까

한세상 삶을 다 감싸고
한세상 사랑을 다 심고도 남을

따뜻한 품이여
포근한 가슴이여

그대, 깊은 사랑이여!
숨은 갈등 하나 없는 그대 진실이여

詩評

서정시와 자유시의 경지를 넘나드는 이병철 시인의 시 세계

— 김 영 찬 (시인·「월간 부산문학」 발행인)

서정시와 자유시의 경지를 넘나드는
이병철 시인의 시 세계

- 김 영 찬 (시인 · 「월간 부산문학」 발행인)

  점점 타락의 정점을 향해 달리는 인간 세계의 인간성 회복에 동기motive를 부여하고 서정시와 자유시의 세계를 자유자재로 넘나들며 원숙기의 그의 시는 절정기에 이른 준마駿馬와 같다.
  문학인으로는 비교적 늦은 나이에 뛰어들어, 이제 10년 차인 이병철 시인의 시는 과히 괄목할만한 성장을 하여 그의 시의 깊이가 어디까지인지 가늠할 수가 없다.
  요즈음의 시는 은유metaphor를 넘어서 상징성의 시대로 접어들었다. 이병철 시인은 은유와 상징시를 자유자재로 구사하며 시인의 독창성을 높여가고 있다.
  이제 그의 시를 감상해 보기로 하자.

    밤이면 쏟아져 내리던 별빛 아래
    연인들의 노랫소리 아름답던
    낮이면 금정산 멧부리와 뭉게구름이
    맑은 강물에서 높낮이를 희롱하던

사라진 그때 얘기들이
아쉬운 추억의 낙원으로만 남음 지금

홀로
괴로웠던 세월의 길이만큼
생소한 풍경의 시련에
삶과 죽음의 동행을 강요당한 체

강변에 노니는 백로의 꿈은 간 곳 없고
녹조 짙은 강변에
썩어가는 생명의 휑한 눈언저리
애처롭게 구걸하는 삶의 몸부림을
애써 외면하는 인간들

육신을 죄어오는 고독 속에
뽀샤시한 강물의 흐름을 기다리며
가슴에 맑은 물 똑똑 떨어지는 그 날 그리워하다

〈아! 낙동강〉 전문

평범한 서정시적 시어로 시작되는 이 시는 5연에 이르러 강렬한 언어를 내뿜으며 반전反轉을 시도한다. "썩어가는 생명의 휑한 눈언저리" "애처롭게 구걸하는 삶의 몸부림". 이 얼마나 내면의 몸부림을 표현하는 시인의 강한 의지를 담은 시어詩語들인가?

　시인은 평소 유순한 성품이지만 강한 추진력을 겸비兼備한 성품의 소유자이다. 그의 성품처럼 강렬한 시어들을 쏟아냄으로써 타락해가는 인간성에 경종을 울리려고 하는 것이다.

　끝으로 마지막 연의 "가슴에 맑은 물 똑똑 떨어지는 그 날 그리워하다"라고 다시 평소의 성품으로 회귀回歸하며, 한 행 전부가 반박할 수 없는 은유적 표현으로 이 시를 마무리하고 있다. 참으로 시인의 놀라운 싯적 능력이다.

　　아직도
　　봄날은 멀기만 한데
　　기다림을 망각한 채 터진 장미

　　붉은 종기 솟은 육신처럼
　　분별없이 식은땀 흘리는 세상은

　　계절 잊은 계절이 되어
　　허공의 빈 거울처럼 흔적 없는 외침으로

혼돈의 넋이 되다

관심 없이 곪아 터진 계절
불길한 예감 속에
낙원의 무덤이 되려 하는 세상

지울 수 없는 혼돈의 넋은
계절과 세상 사이의 마지막 외나무 되려 하는데
무덤덤한 인간의 관심
마지막 기회마저 외면하니

허공에 구르던 가랑잎 하나
홀로
외나무다리 건너려 애쓰다

〈온난화〉 전문

인간은 누구나 유토피아utopia를 꿈꾼다. 그러나 성악설에 의하면 인간은 원초적으로 악한 심성mentality과 죄sin를 가지고 태어난다고 한다. 이 세상이 점점 소란스럽고 다툼이 끊이지 않는 것은 인간의 이러한 악한 심성과 원초적 죄 때문일 것이다. 또한 기후이변으로 지구는 점점 온난화하고 있고, 사람들은 점점 생활하기 힘들어지고 있다.

높은 교양과 지식의 우월성을 바탕으로, 시인은 난해難解한 기후이변이란 소재the location를 주제theme로 한 서정시를 탄생시킴으로써 그의 탁월한 재능을 유감없이 발휘하고 있다.

계절 없이 피는 꽃들을 흔히 본다. 장미 코스모스 개나리 심지어 벚꽃도 계절의 순리를 어기고 핀다는 소식마저 접한다. 이병철 시인은 그중에서 장미를 상징적으로 내세워 상징적 Metaphor를 생산한 그의 싯적 감각은 참으로 탁월하다고 말하지 않을 수 없다.

시의 중요한 요소 중의 하나가 모호성ambiguity이다. 시란 모든 것을 까발려서는 안 된다. Metaphor와 Ambiguity은 상호 작용하며 싯적 흥미를 상승시키는 시너지synergy효과를 가져오는 것이다. "낙원의 무덤" "혼돈의 넋" 등 모호성과 은유적인 시어의 창조적 생산 능력에 찬사讚辭를 보내지 않을 수 없다.

결론으로 이 시는 상징성symbolicity 은유metaphor, 간결성aphorism, 모호성ambiguity을 두루 갖춘 참으로 신선한 수작秀作이라고 감히 말할 수 있다.

허덕이는 숨소리 요란하게
한 걸음 두 걸음 내딛던 뒷골목 계단은
옛 얘기 진하게 어린 사랑의 온기 가득하다

골목골목 누비던 재첩국 장수 아낙의
재칫국 사이소, 재칫국 외치던 소리는
아들 딸들의 아름다운 미래 소망을 꿈꾸며
세상을 향해 내지르는 아우성이었다

미래의 소망을 안고
뒷골목 계단을 오르내리며
구두 딱! 구두 딱 을 외치던 청소년

세상을 향한 그들의 외침은
차라리 미래의 소망을 위한 몸부림이었다
아마, 그때 그 청소년은 지금쯤 멋진 신사가 되어
미래의 부산을 닦고 있을 터

이렇게 힘겨운 삶으로 인식되던 뒷골목 계단과
그때
그네들의 고독했던 외침은
몹시도 그리운 전설적 추억의 상징으로

그때 그 시절
그네들의 고독했던 삶은
부산의 훌륭한 일꾼으로 성장하는 밑거름이 되었다

〈부산, 그 시절의 전설〉 전문

한국전쟁 이후 부산은 피란민의 도시, 판잣집의 도시, 계단의 도시였다. 피란민들의 삶은 지독한 빈곤을 이겨내기 위한 또 다른 전쟁이었다고 한다. 이 시점을 계기로 탄생한 이런 잡상들이 1960년대 이후 경제발전이 이루어지기 전까지 일부분 지속되어 왔다. 아마 이병철 시인의 청소년 시절에도 이러한 모습을 쉽게 볼 수 있었을 것이다.

한 인간의 과거는 그 사람의 미래에 큰 영향을 미친다. 이러한 시대상황을 보아온 이병철 시인은 깊은 혜안慧眼으로 이런 시대상황을 싯적 발아發芽의 근원으로 이끄는 통찰력이 무서울 정도이다.

시인은 부산이 고향은 아니지만, 60년을 살아온 제 2의 고향이다. 제2의 고향을 아끼는 마음으로 향토색 짙은 시를 구상하며, 잠시나마 옛 추억에 빠져들었을 것이다.

그의 시는 내용적 깊이와 새로운 시어 창출의 대담성이 싯적 성공을 가져온다고 할 수 있다.

더욱 정진하여 좋은 시를 창출하여 독자를 기쁘게 해 주기를 기대한다.

어부의 흐드러진 후렴 소리
오히려 정겨운 해물 장수 아낙의 호객 소리
춤사위 요란한 각설이 타령으로
한 상 잘 차려진 밥상처럼 꽉 찬 멍석이 흥겹다.

바쁜 일상 벗어난 틈새
한바탕 펼쳐진 참 다채로운 갯마을 마당

낯선 갯마을 풍경이 흥겨워
삶의 진한 향기에 흠뻑 젖는 눈요깃꾼

무척 뜨거웠던 어항의 무거운 일상
날이면 날마다 낑낑대던 갯마을

비린내 젖은 일상 벗어버리고
오늘 하루 여기 참 가볍다

〈대변항 축제〉 전문

　이병철 시인은 시의 구성적 발상과 새로운 시어들을 적재적소에 배분하는 깊이 있는 내용을 발효숙성하는 과정에 그의 능력을 최대한 발휘할 줄 아는 시인이다.
　이 시는 싯구마다 시각적 동기motive를 부여함으로써 시를 그림처럼 볼 수 있게 하여 한층 흥미를 돋우는, 그의 심미안審美眼을 여지없이 보여준다. 원래 공학사工學士 출신이지만 싯적 능력과 감성sensibility적인 면에서 볼 때, 다분히 문학적 소양을 타고났다고 보아진다.
　시인은 현재 기장읍에 거주하고 있어, 가끔 바닷가를 찾아, 산책을 하면서 시의 구성에 몰두한다고 한다. 그래서인지 바닷가의 풍경에 관한 시가 가끔 보인다. 시인은 기장에 거주한 지가 15년 정도 된다고 하는데 어지간히 기장이 좋은 듯하다. 바닷가를 거닐며 시 구상에 몰두하는 그의 모습이 눈에 선하다. 이렇게 스스로 능력을 펼치며 노년의 향기를 만끽하는 그가 새삼 부럽다.

대변항은 기장군에서 가장 큰 어항으로, 4월 하순에서 5월 상순 사이에 멸치 축제가 열린다. 부둣가에서는 갓 잡아 온 멸치를 어부들이 그물에서 털어내는 멸치 후리기 작업이 분주하고, 해물을 파는 아낙들이 목청을 돋우고 있다. 한쪽에는 축제 분위기를 조성하는 각설이패와 연예인들의 구성진 노랫소리가 뜨겁게 달아오르고 있다.

시인은 여기에서 이미 사라진 지 오래인 멍석이란 단어를 상징적으로 도입하여 '한 상 잘 차려진 밥상처럼 꽉 찬 멍석'이라는 감히 누구도 생각 못할 언어들을 쏟아내고 있다. 참으로 뛰어난 표현이라고 할 수밖에 없다.

 빛바랜 어둠 속
 빈 찻잔의 침묵

 아무도 없다
 아무 일도 없다

 찢어질 듯 팽팽한 고요 속
 텅 빈 찻잔에
 허무를 껴안은 허공虛空만 먼지처럼 내려앉다

〈공허空虛〉 전문

현대시의 정수正秀를 보여주는 이 시는 그 간결함aphorism에서 압권壓卷이다. 인간은 누구나 한세상을 살아가면서 고독과 삶의 허무를 느낀다. 이병철 시인은, 빈 찻잔이라는 상징적 소재location를 통한 구성적 발상이 섬세한 내용미를 이루어 한 인간의 고독과 허무감을 대변代辨하려 한다.

간결한 이시는 어느 연을 보아도 섬세하고, 그야말로 팽팽한 긴장감으로 인간의 고독과 허무감을 잘 표현하고 있다고 보아진다.

2연의 '아무도 없다 아무 일도 없다'라고 단순simple한 이 시어를 사용하여, 오히려 팽팽한 긴장감 속에 강력한 고독감을 나타내려 하고 있다.

그렇다. 인간은 누구나 고독 속에 긴장하며 하루하루를 살아간다. 이 긴장감이 인간의 본능을 자극하여 삶의 의지를 상승시키는 것이다.

4연을 보자. '허무를 껴안은 허공'. 이병철 시인은 고독이라는 긴장감에서 허무를 뱉어내어, 현실적 고독을 강조하려 하고 있다. 시인의 섬세함을 잘 표현하는 시어로 그의 싯적 감각이 매우 돋보인다. 시인은 고독 속에서 시를 쓰고 고독과 함께 살아가는 것이다.

결론적으로, 이병철 시인은 시의 내용적 구성과 새로운 시어의 창출 능력에서 타의 추종을 불허한다고 함은 지나친 비약일까? 그는 서정시 현대시 와 자유시를 자유자재로 넘나들며 그의 시 세계를 역량껏 펼치고 있다고 본다.

이 4번째 시집에서도 너무나 좋은 시들이 많지만 본 필자筆者의 사정으로 이만 그침을 매우 아쉽게 생각한다.

아내의 계절, 봄

– 遠海 이 병 철

앞뜰 샛분홍 자산홍이
보란 듯
꽃망울 터뜨림에
하, 그리도 좋아하던 아내
분홍 고운 얼굴 상기되어
이쁜 미소 짓고 있었지
아마도
봄이 무르익어 가노라고
맑은 소녀처럼 좋아했었지

아내의 계절, 가을

― 遠海 이 병 철

앞뜰 노오란 국화꽃에
때 이른
찬 서리 내렸을 때
하, 그리도 진한 아쉬움에
곱던 얼굴에 세월이 내려
수심 깊은 얼굴이었지
그렇게
또 한해가 저무노라고
눈시울 뜨겁게 붉혔었지

Memorandum

遠海 이 병 철 [제4시집]
아! 낙동강

초판인쇄	2024년10월30일
초판발행	2024년11월05일
지은이	遠海 이 병 철
발행인	김영찬(金永燦)
기획·발행처	도서출판「한국인」(제2014-000004호)
출판·인쇄처	도서출판「부산문학」(제2019-000001호)
주소	부산광역시 동구 중앙대로 308번길 7-3 《주식회사 한국인》
전화	(051)929-7131, 441-3515
팩스	(051)917-7131, 441-2493
홈페이지	http://www.mkorean.com · http://www.busanmunhak.com
이메일	sahachanchan@hanmail.net
가격	12,000원 (E-Book 6,000원)
ISBN	979-11-92829-70-8 (03810)

ⓒ 이병철 2024, Printed in Korea.
이 책은 저작권법에 따라 보호 받는 저작물이므로 무단전재와 무단복제를 금지하며,
이 책 내용의 전부 또는 일부를 이용하려면 반드시 저작권자인 저자와
도서출판 한국인의 서면 동의를 받아야 합니다.
파본이나 잘못된 책은 구입처에서 교환해 드립니다.